Udo Rosowski et al.

# Einführung in die DIAS-Matrix - Die Deep Impact Advertising Strategy

## Entwicklung eines Modells zur zielgruppen- und phasengerechten Einführung von Innovationen und Planung von Marketing-Aktivitäten

GRIN Verlag

**Bibliografische Information der Deutschen Nationalbibliothek:**

Die Deutsche Bibliothek verzeichnet diese Publikation in der Deutschen National-
bibliografie; detaillierte bibliografische Daten sind im Internet über http://dnb.d-
nb.de/ abrufbar.

**Impressum:**

Copyright © 2008 GRIN Verlag GmbH
Druck und Bindung: Books on Demand GmbH, Norderstedt Germany
ISBN: 978-3-640-34897-8

**Dieses Buch bei GRIN:**

http://www.grin.com/de/e-book/127375/einfuehrung-in-die-dias-matrix-die-deep-
impact-advertising-strategy

**GRIN - Your knowledge has value**

Der GRIN Verlag publiziert seit 1998 wissenschaftliche Arbeiten von Studenten, Hochschullehrern und anderen Akademikern als eBook und gedrucktes Buch. Die Verlagswebsite www.grin.com ist die ideale Plattform zur Veröffentlichung von Hausarbeiten, Abschlussarbeiten, wissenschaftlichen Aufsätzen, Dissertationen und Fachbüchern.

**Besuchen Sie uns im Internet:**

http://www.grin.com/

http://www.facebook.com/grincom

http://www.twitter.com/grin_com

Udo Rosowski et al.

# Einführung in die DIAS-Matrix

Entwicklung eines Modells zur zielgruppen- und phasengerechten Einführung von Innovationen und Planung von Marketing-Aktivitäten

Es gibt nur zwei Wege, neue Kunden zu gewinnen. Man kann sie den Wettbewerbern abnehmen oder sie von Kindesbeinen heranziehen.[1] (J.U. McNeal)

---

[1]  James U. McNeal; Kids as Customers: A Handbook of Marketing to Children; Lexington Books; (Juli 1992) (James McNeal ist Marketing-Professor an der Texas A&M University in College Station, Texas)

# Inhaltsverzeichnis

# Abbildungsverzeichnis

# Einleitung

Werbung und Marketing-Aktivitäten sind in hohem Maße abhängig von der zielgruppengerechten Ansprache und Gestaltung der Werbemaßnahmen[2]. Dies gilt in gleichem Maße bei der Einführung von Innovationen. Dabei spielt bei den Einzelmaßnahmen neben der Ansprache der richtigen Zielgruppe auch die zeitliche Planung des Einsatzes von Werbeaktivitäten bezogen auf die jeweilige Zielgruppe eine besondere Bedeutung. Die Art der Werbemittel ist wiederum abhängig vom Zeitpunkt des Einsatzes der Marketingmaßnahmen

Werbung ist als Ansprache oder Anpreisung an die potentiellen Kunden auch eine Form von Kommunikation.

Um Maßnahmen wirksam zu gestalten ist es daher unerlässlich, sich mit den Wirkungsweisen der Kommunikation auseinander zu setzen.

Insbesondere die inter- und intrapersonellen Diffusionsprozesse spielen eine große Rolle und sind unbedingt zu beachten.

Im Rahmen einer Projektwoche am Institut für Arbeitswissenschaft der Ruhr-Universität Bochum wurde daher die DIAS-Matrix entwickelt.

Das Kürzel DIAS ist die Abkürzung von DEEP IMPACT ADVERTISING STRATEGY.

DIAS bezeichnet somit eine Strategie, durch vorgelagerte strategische Überlegungen hinsichtlich der jeweiligen Zielgruppen durch die auszuwählenden Werbemaßnahmen einen möglichst starken Eindruck zu hinterlassen.

Dabei wird berücksichtigt, dass sich im Zuge der Werbeaktivitäten die Zielgruppen in einem unterschiedlichen ‚Reifeprozess' befinden und sich die Aktivitäten in Art und Umfang daher dem Reifegrad der Zielgruppen anpassen müssen.

Für diese vorgelagerten strategischen Überlegungen wurde zur Strukturierung die DIAS-Matrix entwickelt.

---

[2] Dirk-Mario Boltz; Die Bedeutsamkeit von Zielgruppen-Typologien für Marketing und Kommunikation; in: television, 2002, (http://www.sinus-sociovision.de/Download/television.pdf)

Die DIAS-Matrix ist das zentrale Modul der gesamten DIAS-Strategie, die im nachfolgenden in einer Kurzfassung vorgestellt wird.

# Gründe für die Entwicklung des DIAS-Modells

Die Akzeptanz und Durchsetzung einer Innovation verläuft über mehrere Stufen, sowohl in der Gruppe als auch in den mentalen Prozessen des Individuums.[3] Gleiches gilt für die Einführung neuer Produkte mittels Marketingmaßnahmen.
Während aller Phasen muss die Kommunikation permanent aufrecht erhalten werden.

Um die Wirkung der Kommunikation zu optimieren, sind

- die Zielgruppe zu charakterisieren, und
- Werbebotschaft und Werbemedium entsprechend abzustimmen.

Es wurde daher versucht, mit Hilfe eines Tools die einzelnen Prozesse zu strukturieren und in Phasen zur zielgruppenadäquaten Ansprache zu unterteilen.

Die Planung Einführung und Durchführung von Werbemaßnahmen wird hier als Projektarbeit verstanden. Korrespondierend zu der Darstellung dieses Tools wird daher auf die einschlägigen Erkenntnisse zur Durchführung eines Projektes und eines Projektmanagements verwiesen[4].

---

[3] vgl.: Barbara Schießling: Kommunikationsgeschichte, 2008
(http://www.yahman.de/kowi/zf_babsi_kommg.doc), Peter Granig: Innovationsbewertung. Potentialprognose und -steuerung durch Ertrags- und Risikosimulation; Gabler, 2007
[4] vgl.: Kuster, Jürg/ Huber, Eugen/Lippmann, Robert/ Schmid, Alfons/ Schneider, Emil/ Witschi, Urs/ Wüst, Roger: Handbuch Projektmanagement, Springer-Verlag, Berlin-Heidelberg, 2006

# Das DIAS-Modell

Das DIAS-Modell (Abbildung 1) als Tool für eine erfolgreiche Projektarbeit wird hier als Gesamtmodell dargestellt. Es Besteht aus einzelnen Teilmodulen, die nach den Zeitachsen gestaffelt abgearbeitet werden können. Die zentralen Einzelmodule Stakeholderanalyse und DIAS-Matrix werden in dieser Einführung vorgestellt.

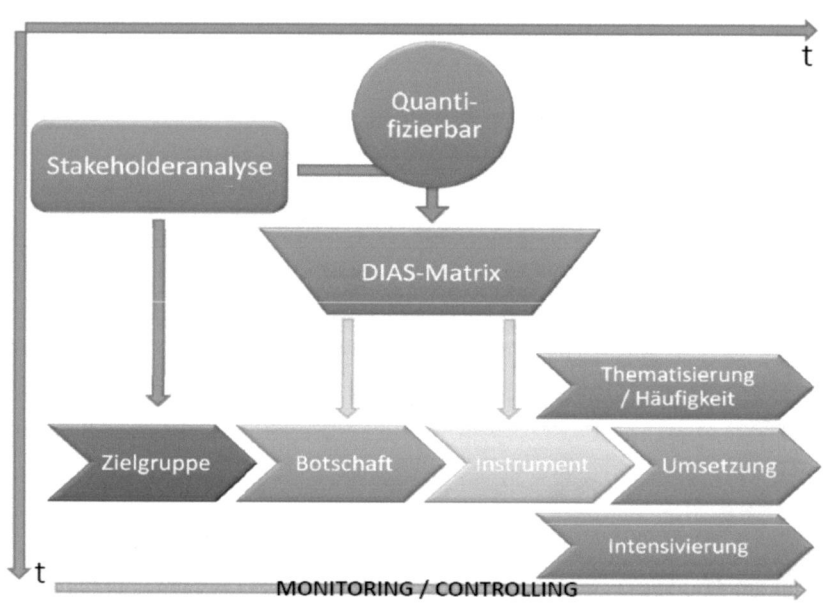

**Abbildung 1: DIAS-Modell**

# Die Stakeholderanalyse

Das DIAS-Modell hat als Ausgangspunkt die umfassende Stakeholderanalyse. Damit soll ermittelt werden, welche Personen, Gruppen, Institutionen etc. überhaupt von den zu planenden Aktivitäten oder Neuerungen in irgendeiner Form betroffen sind.

Die Stakeholderanalyse orientiert sich an folgenden Punkten:

1. Identifikation nach Rolle und Namen
2. Ausmaß der Betroffenheit
3. Klärung wesentlicher Zielsetzungen
4. Generelles Interesse und Einfluss/Motivationsrichtung
5. Analyse der Chancen durch den jeweiligen Stakeholder
6. Analyse der Risiken durch den jeweiligen Stakeholder und der daraus resultierenden Konfliktpotentiale
7. Maßnahmen für die Projektarbeit

Dieses Stakeholder-Zielsystem kann mit dem Zielsystem des Marketing-Projektes abgeglichen werden. Es ergibt sich eine Schnittmenge der gleichen Ziele und Interessen[5].
Hieraus resultiert die anzusprechende Zielgruppe.

Die ermittelte Zielgruppe ist für eine gezielte Ansprache immer noch zu inhomogen. Dies liegt an der unterschiedlichen interpersonellen Diffusion, mit der Neuerungen, also auch die zu vermittelnde Botschaft, von den Adressaten als Gruppe verinnerlicht werden.
Dabei korreliert auf der Gruppenebene die Wahrscheinlichkeit, die Botschaft aufzunehmen, mit Ihrer allgemeinen Relevanz[6].

Nach dieser Maßgabe wird die Zielgruppe in die vermutete Adoptoren-Klasse unterteilt und eingeordnet.

---

[5] Dieter Korelmann; Projektmanagement. Technik, Methodik, Soziale Kompetenz; 2002
[6] Basil, Michael D./ Brown, William J.; Interpersonal communication in news diffusion: a study of 'Magic' Johnson's announcement: In: Journalism Quarterly. - vol. 71 -1994-, S. 305-320

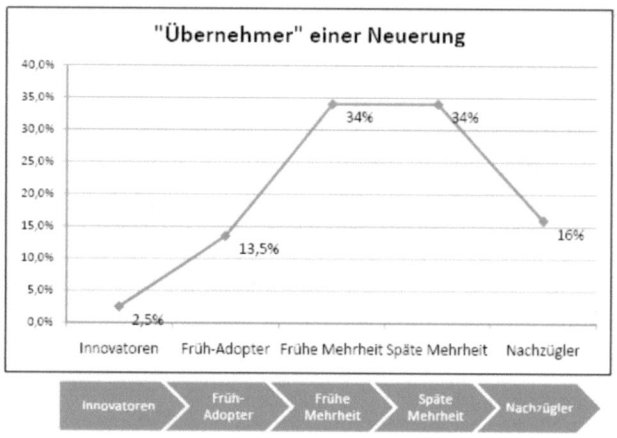

**Abbildung 2: Interpersonelle Diffusion auf Gruppenebene**

Neben der Interpersonellen Diffusion auf Gruppenebene ist weitergehend die intrapersonelle Diffusion auf Individualebene zu berücksichtigen.

Für die individuelle Ebene zeigen Fallstudien, dass die Neigung, Informationen aufzunehmen oder sogar weiterzugeben vor allem von ihrer subjektiven Bedeutung bestimmt wird[7].

**Abbildung 3: Intrapersonelle Diffusion auf Individualebene**

Der Grund liegt in den individuell unterschiedlich ausgeprägten Einstellungen und der Risikobereitschaft ebenso begründet wie in situativen Einflussgrößen wie Sozialnormen oder den wahrgenommenen Vorteilen (oder Navhteilen) durch die Neuerung.

Der Zielgruppenanalyse kommt bei der Vorbereitung und Planung somit eine herausragende Bedeutung zu.

---

[7] Basil, Michael D./ Brown, William J.; a.a.O.

# Die DIAS-Matrix

Diese inter- und intrapersonellen Diffusionsprozesse und die Clusterbildung nach den einzelnen Stufen des Reifegrads der Zielgruppen ist der Ausgangspunkt für die DIAS-Matrix.

In der DIAS-Matrix verschmelzen die inter- und intrapersonellen Cluster zu einem Analyseraster.

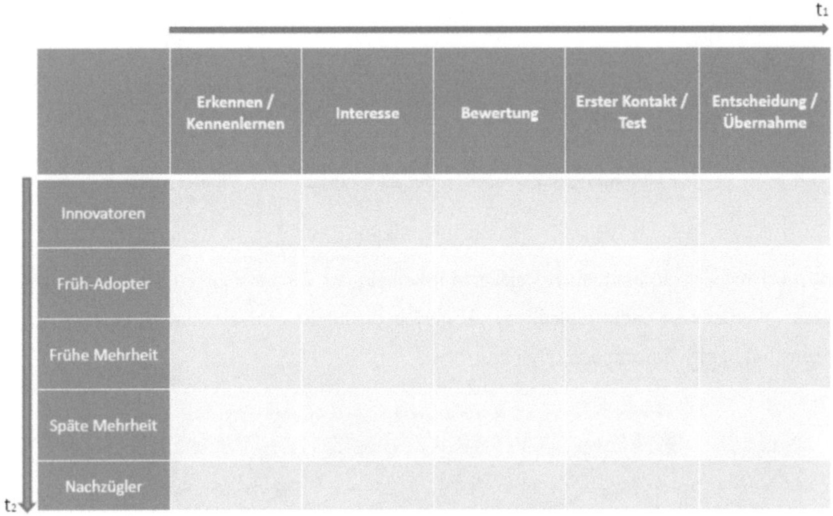

| $t_1$ | | | | | |
|---|---|---|---|---|---|
| | Erkennen / Kennenlernen | Interesse | Bewertung | Erster Kontakt / Test | Entscheidung / Übernahme |
| Innovatoren | | | | | |
| Früh-Adopter | | | | | |
| Frühe Mehrheit | | | | | |
| Späte Mehrheit | | | | | |
| Nachzügler | | | | | |

$t_2$

**Abbildung 4: Die DIAS-Matrix**

In diese Analyse-Matrix werden dann die Zielgruppen-Cluster eingeordnet (Abbildung 5).

Ziel dieser Zuordnung ist nach dem Gesamtmodell (Abbildung 1) die Ableitung von zielgruppengerechten Botschaften sowie den anzuwendenden Instrumenten im Zeitablauf.

Die nach der Zielgruppenanalyse erkannten Innovatoren gehören damit zum ersten Cluster, die durch Werbemaßnahmen oder Botschaften angesprochen werden sollen.

Auch diese Zielgruppe lässt sich weiter unterteilen in Personen, die affektiv und unmittelbar zu begeistern sind bis hin zu Personen, die zwar eine grundsätzliche Affinität zu Neuerungen aufweisen, aber diese doch erst genauer kennen lernen wollen.

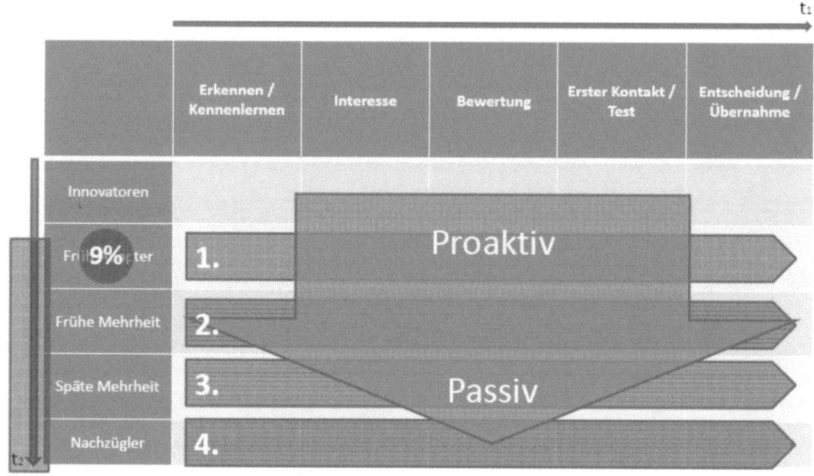

**Abbildung 5: Zuordnung der Zielgruppen nach Cluster**

Entsprechend dem individuellen Reifegrad innerhalb der Cluster müssen die Maßnahmen in Ihrem Werbeinhalt unterschiedliche Kriterien erfüllen (Affektiv/aufmerksamkeitsstark/ allgemein/kognitiv/informierend/konkret).

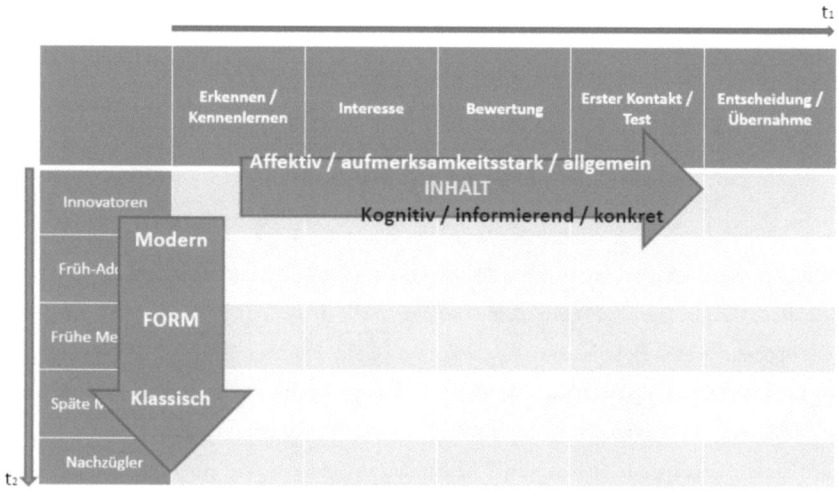

**Abbildung 6: DIAS-Matrix: Botschaft nach Zielgruppen**

Die Botschaft muss je nach Cluster-Gruppe von Modern (Innovatoren) bis konservativ (Nachzügler) gestaltet werden (Abbildung 5).

Aufgrund dieser Zuordnung der Zielgruppen erfolgt im letzten Schritt die Planung der Instrumente, mit der die Neuerung beworben werden soll.

Die Instrumente der Werbemaßnahmen könnten somit wie in Abbildung 7 dargestellt zeitlich und zielgruppengerecht platziert werden.

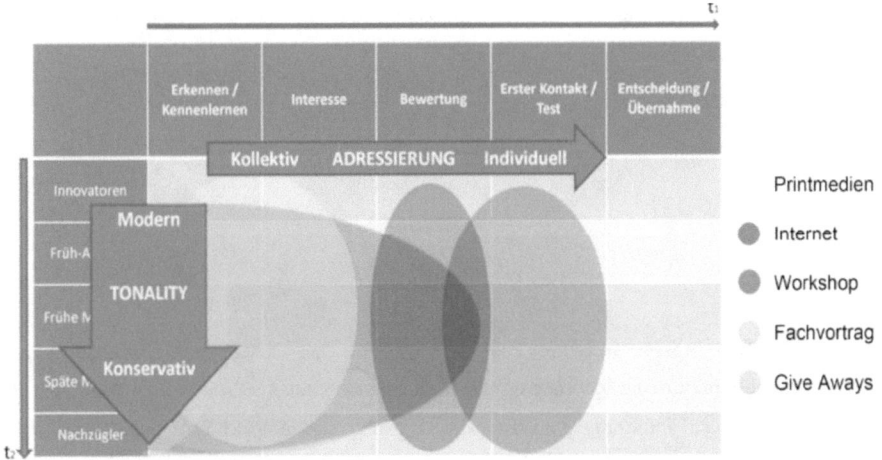

**Abbildung 7: DIAS-Matrix: Instrumente nach Zielgruppen**

# Weitere Erfolgskriterien

Für den Erfolg einer Werbemaßnahme sind nach der zielgruppengenauen Abstimmung der Aktivitäten noch die Häufigkeit und Thematisierung, Umsetzung und Intensivierung der Maßnahmen von Wichtigkeit.

Hierauf soll an dieser Stelle nicht weiter eingegangen werden.

# Controlling

Wie in Abbildung 1 dargestellt, wird das gesamte Verfahren in den einzelnen Phasen von einem Monitoring und Controlling[8] begleitet. In jeder Phase muss überprüft werden, ob z.b. die Zielgruppe und die Einstufung in die Cluster Innovatoren bis Nachzügler korrekt, die Ansprache von kollektiv bis individuell stimmig und das gewählte Instrument passend war. Insbesondere ist zu überprüfen, ob die Maßnahme den gewünschten Erfolg hatte. Mit Hilfe des Controlling soll somit dem Marketing eine messbare Komponente verliehen und die Effizienz des Marketing erhöht werden[9].

# Fazit

Mit Hilfe der DIAS-Matrix ist eine kognitiv eingängige Darstellung einer Zielgruppenanalyse mit zeitlich strukturierter Zuordnung von Marketingaktivitäten möglich. Das Tool kann die Effektivität der Einführung von Innovationen und neuen Produkten unterstützen und verbessern. Umfangreiche Erfahrungen in der Anwendung liegen bisher noch nicht vor. Ein Feedback über Praxisanwendungen und mögliche Verbesserungspotentiale ist daher erwünscht.

---

[8] vgl.: Daniel Bösch; Controlling im betrieblichen Innovationssystem. Entwicklung einer Innovationscontrolling-Konzeption mit besonderem Fokus auf dem Performance Measurement; Schriften zum Betrieblichen Rechnungswesen und Controlling, Bd. 48, Hamburg 2007
[9] vgl.: Michael Deutschendorf: Erfolgreiches Marketing mit Marketingcontrolling; Eul-Verlag, 2006
vgl.: Sven Reinecke: Marketingcontrolling: Sicherstellen von Marketingeffektivität und –effizienz; Kohlhammer, 2007

# Quellen- und Literaturverzeichnis

Bech, Karl: PM-Prozessablauf-REV-17-07-06.doc; RKW Rationalisierungs- und Innovationszentrum der Deutschen Wirtschaft e.v.

Bergmann, Gustav/ Daub, Jürgen: Systemisches Innovations- und Kompetenzmanagement. Grundlagen — Prozesse — Perspektiven, Gabler, 2006

Bösch, Daniel; Controlling im betrieblichen Innovationssystem. Entwicklung einer Innovationscontrolling-Konzeption mit besonderem Fokus auf dem Performance Measurement; Schriften zum Betrieblichen Rechnungswesen und Controlling, Bd. 48, Hamburg 2007

Boltz, Dirk-Mario: Die Bedeutsamkeit von Zielgruppen-Typologien für Marketing und Kommunikation; in: television, 2002, (http://www.sinus-sociovision.de/Download/television.pdf)

DIN EN ISO 9000:2000 ff., Beuth-Verlag

DIN 699000 ff., Beuth-Verlag

Granig, Peter: Innovationsbewertung. Potentialprognose und -steuerung durch Ertrags- und Risikosimulation; Gabler, 2007

Heimbrock, Klaus Jürgen: Die Rolle des Personalmanagements bei der Unternehmensentwicklung; Inaugural-Dissertation Universität Flensburg, 2000

ICB-Projektmanagement-Kanon, Roederer-Verlag, 2002

Korelmann, Dieter: Projektmanagement. Technik, Methodik, Soziale Kompetenz; 2002

Kuster, Jürg/ Huber, Eugen/Lippmann, Robert/ Schmid, Alfons/ Schneider, Emil/ Witschi, Urs/ Wüst, Roger: Handbuch Projektmanagement, Springer-Verlag, Berlin-Heidelberg, 2006

Reinecke, Sven: Marketingcontrolling: Sicherstellen von Marketingeffektivität und –effizienz; Kohlhammer, 2007

RKW/GPM Projektmanagementfachmann (Hrsg)., Band 1+2, RKW-Verlag, Eschborn 2004

Schießling, Barbara: Kommunikationsgeschichte, 2008 (http://www.yahman.de/kowi/zf_babsi_kommg.doc),

Schorr, Angela: Publikums- und Wirkungsforschung: Ein Reader; VS Verlag, 2000